Dieses Buch gehört:

_____

Wolfram Hänel,
1956 geboren, studierte Germanistik und Anglistik und arbeitete als Gebrauchsgrafiker, Theaterfotograf, Spieleerfinder und Dramaturg. Bislang sind mehr als 50 Romane, Erzählungen und Bilderbücher von ihm erschienen, die in insgesamt elf Sprachen übersetzt wurden. 2001 erhielt Wolfram Hänel für sein Gesamtwerk den Kurt-Morawietz-Literaturpreis der Stadt Hannover.

Susanne Wechdorn
wurde in Österreich, in der Nähe von Wien, geboren. Sie studierte Rechtswissenschaften und machte dann eine Ausbildung zur Grafikdesignerin. Seit einigen Jahren arbeitet sie als freie Illustratorin und Grafikerin in Wien. Für das Buch „Wenn Jakob unterm Kirschbaum sitzt" erhielt sie zusammen mit der Autorin Sigrid Laube den Kinderbuchpreis der Stadt Wien und den Österreichischen Staatspreis.

Wolfram Hänel

Das verschwundene Handy

Bilder von
Susanne Wechdorn

In neuer Rechtschreibung

1. Auflage 2005
© Edition Bücherbär im Arena Verlag GmbH, Würzburg 2005
Einband und Innenillustrationen von Susanne Wechdorn
Alle Rechte vorbehalten
Gesamtherstellung: Westermann Druck Zwickau GmbH
ISBN: 3-401-08735-5

www.arena-verlag.de

Moritz, der Angeber

Moritz nervt.
Immer wenn jemand aus der Klasse
irgendwas nicht weiß,
lacht er blöd.
Dabei weiß er es
meistens selber nicht.
Aber er hat trotzdem
dauernd den Finger oben.
Und wenn die Lehrerin
ihn dran nimmt,
dann tut er so,
als hätte er die Antwort
gerade wieder vergessen.
Oder er labert
einfach dummes Zeug.
So wie gerade eben.

Als die Lehrerin fragt,
ob jemand weiß, wo Island ist.
„Irgendwo bei Indien", sagt Anna.
Die Lehrerin schüttelt den Kopf.
„Neben Südamerika",
schlägt Sebastian vor.
Die Lehrerin schüttelt
noch einmal den Kopf.
Und Moritz ruft:
„Mann, seid ihr blöd.

Weiß doch jeder!"
Aber dann sagt er nicht etwa,
wo Island ist.
Sondern erzählt der Klasse,
dass seine Eltern
eine tolle Ferienwohnung
in Spanien hätten.
Moritz ist nämlich
ein ziemlicher Angeber.

Er hat auch immer
die neuesten Klamotten an
und prahlt damit,
dass sein Vater
Generaldirektor wäre.

Seit letzter Woche hat Moritz
auch ein Handy.
Sonst hat keiner ein Handy.
Außer Klara
und die braucht es,
weil sie auf irgendeinem Dorf
weit weg wohnt.

Damit sie zu Hause anrufen kann,
wenn sie den Zug
nicht gekriegt hat oder so.
Aber Klara hat ihr Handy
ganz unten in der Schultasche
und benutzt es nur,
wenn es wirklich wichtig ist.
Während Moritz sein Handy
auf dem Tisch liegen hat,
damit es jeder sehen kann.

Und als ob das noch nicht reicht,
spielt er die ganze Zeit damit rum.
Macht das Licht an und aus
und zeigt jedem genau,
was sein Handy so alles kann.
Dass es zwanzig
verschiedene Klingeltöne hat,
zum Beispiel.
„Pack endlich dein Handy weg",
sagt die Lehrerin jetzt
ungefähr zum hundertsten Mal.
Moritz zuckt mit den Schultern.
Aber er packt sein Handy
nicht in den Rucksack,
sondern legt es an die Tischkante.
Wobei er so tut,
als würde die Lehrerin nerven.
Und nicht er.

„Ich hoffe,
irgendwann klaut es ihm einer,
sein blödes Handy",
flüstert Charlotte Klara zu.
Sofort reißt Moritz den Arm hoch
und schnipst mit den Fingern.
„Ja?", fragt die Lehrerin.
„Charlotte hat gesagt …",
fängt Moritz an.

„Ich habe gehört,
was Charlotte gesagt hat",
unterbricht ihn die Lehrerin.
„Und wenn dir nicht Charlotte
dein Handy klaut,
dann mache ich es."
Die ganze Klasse lacht.
Weil jeder weiß,
dass die Lehrerin natürlich nie
Moritz' Handy klauen würde.
„Haha", macht Moritz
und ist beleidigt.

Eigentlich nur ein Zufall

Dann gongt es.
Die Stunde ist zu Ende.
Die letzte Stunde für heute!
„Ich wünsche euch
einen schönen Nachmittag",
sagt die Lehrerin.

„Wir gehen ins Schwimmbad",
erzählt Klara aufgeregt.
„Ich und Charlotte und Anna.
Ich schlafe nämlich
heute bei Charlotte!"
„Fein", nickt die Lehrerin.
„Viel Spaß."
„Wir gehen Fußball spielen!",
ruft Sebastian.
„Ich habe nämlich
einen neuen Ball!"

Aber da ist die Lehrerin
schon zur Tür raus und weg.
Sebastian holt den neuen Fußball
aus der Tüte unter seinem Tisch.
Lässt ihn zweimal auftippen,
holt aus und schießt.
Quer durchs Klassenzimmer.
Zu Dennis rüber.
Aber Moritz ist schneller.
Er schnappt sich den Ball
und hält ihn fest.

„He! Gib meinen Ball wieder her!",
beschwert sich Sebastian.
„Na dann hol ihn dir doch",
meint Moritz und grinst breit.
Sebastian und Dennis versuchen
Moritz den Ball wegzunehmen.
Dennis zerrt an Moritz' T-Shirt.
Moritz tritt Sebastian
vors Schienbein.

„Typisch Jungen", stöhnt Klara
und packt ihre Sachen ein.
Anna steht schon längst
an der Tür und wartet.
„Los, beeil dich ein bisschen",
sagt Klara zu Charlotte.
Sie winkt Anna zu:
„Wir kommen gleich!"
Charlotte packt ihre Stifte
und Hefte in die Tasche.
Als Sebastian Moritz
gegen den Tisch drückt,
rutscht Moritz' Handy plötzlich
über die Tischkante.
Fast wäre es auf
den Fußboden gefallen.
Wenn Charlotte es
nicht schnell aufgefangen hätte …

„Nun mach schon!", drängelt Klara.
„Was machst du denn da noch?"
Dass Charlotte Moritz' Handy
in der rechten Hand hält,
hat Klara gar nicht gesehen.
Weil sie schon
halb auf dem Weg zur Tür ist.

Sebastian nimmt Moritz
in den Schwitzkasten.
Moritz hält immer noch
den Ball fest und tritt um sich.

Charlotte lässt das Handy
in ihre Tasche fallen.
Und rennt hinter
Klara und Anna her.
Sie nehmen den Bus
zum Schwimmbad.

Klara erzählt Anna, dass sie
einen neuen Badeanzug hat.
Und Anna überlegt laut,
ob sie sich zuerst
Pommes kaufen soll
oder lieber eine Eiswaffel.
Charlotte sagt gar nichts.
Sondern starrt die ganze Zeit
auf ihre Schultasche,
die zwischen ihren Füßen steht.
Und in der Moritz' Handy ist.

In der Umkleidekabine

Im Schwimmbad
ist ziemlich viel los.
Und alle Umkleidekabinen
sind schon besetzt.
Als endlich eine frei wird,
schlägt Klara vor,
dass sie zu dritt reingehen.

Aber Charlotte sagt:
„Ich warte lieber. Ist mir zu eng!"
„Das ist doch gerade witzig",
findet Klara und verschwindet
mit Anna in der Kabine.
Charlotte wartet draußen.
„Fertig", ruft Klara und
hält Charlotte die Kabinentür auf.
„Wir sehen uns am Schwimmer!"

Charlotte stellt ihre Schultasche
auf die schmale Sitzbank.
Sie kontrolliert,
ob die Tür zur Kabine
wirklich abgeschlossen ist.
Und klappt den Deckel auf …
Das Handy ist weg!
Nein, doch nicht.
Es ist nur nach unten gerutscht,
unter ihre Badesachen.
Von draußen dringt
Geschrei und Gelächter
in die Umkleidekabine.
Und in der Kabine nebenan
poltert jemand gegen die Wand.
Charlotte hat Moritz' Handy
in der Hand und betrachtet es
sehr genau von allen Seiten.

Das Handy hat ein Extra-Gehäuse.
Ein schwarzes Gehäuse
mit bunten Rennwagen drauf.
Plötzlich singt das Handy
wie eine Amsel im Frühling.
Und das grüne Licht
auf dem Display geht an.

Im ersten Moment kapiert
Charlotte überhaupt nichts.
Starrt nur das Handy
in ihrer Hand an.
Es zwitschert schon wieder.
„Hat hier einer seinen Papagei
mitgebracht oder was?",
ruft eine Frauenstimme
aus der Nachbarkabine.

Und will sich halb kaputtlachen.
Charlotte merkt,
wie ihr das Herz
bis zum Hals schlägt.
Mit zittrigen Fingern drückt sie
den kleinen Gummiknopf
zum Abschalten.
Das Licht geht aus.
Das Handy ist still.

Charlotte schiebt Moritz' Handy
ganz unten in ihre Tasche,
als wäre es glühend heiß.
Sie zieht sich ihren Badeanzug an.
Dann wartet sie so lange,
bis die Frau aus der Kabine
nebenan endlich verschwunden ist.
Charlotte nimmt ihre Tasche und
sucht sich ein freies Schließfach.

Als sie ihre Schultasche
in das Schließfach stellt,
hat sie das Gefühl,
als würden alle sie beobachten.
Was ja gar nicht sein kann.
Weil ja kein Mensch weiß,
was sie in ihrer Tasche hat.

Charlotte dreht den Schlüssel.
Wäre ja blöd,
wenn ausgerechnet jetzt einer
ihre Tasche klauen würde!

Aber wieso eigentlich?
Vielleicht wäre das
überhaupt die Lösung!
Nein, Quatsch.
Wenn die Polizei den Dieb
dann kriegt und das Handy findet,
dann bekommen die Polizisten
natürlich auch sofort raus,
dass es gar nicht ihrs ist …

Die Polizei!
Ob Moritz schon gemerkt hat,
dass sein Handy weg ist?
Bestimmt. Und bestimmt
ist er gleich zur Polizei!
Und die suchen sie schon …
also nicht sie, natürlich,
sondern den Dieb.
Aber der ist ja sie!

Keine Pommes für Charlotte

Charlotte geht vorsichtig
zum Schwimmbecken.
Irgendwie ist ihr ganz schummrig
im Kopf und
ihre Knie zittern ein bisschen.
Klara und Anna winken ihr
vom Sprungbrett aus zu.
Aber Charlotte setzt sich nur
auf den Beckenrand
und hält die Beine ins Wasser.
„Ist irgendwas?", fragt Klara.
„Mir ist ein bisschen komisch",
sagt Charlotte.
„Das kommt,
weil du nichts gegessen hast",
meint Anna.

Aber Charlotte hört gar nicht hin.
Sondern fragt leise:
„Glaubt ihr,
dass die Polizei rauskriegen kann,
wer irgendwas geklaut hat?
Also, ich meine,
auch wenn keiner was gesehen hat,
kriegen die es dann trotzdem raus?"
„Hä?", macht Klara.
„Hä?", macht auch Anna.

„Na ja, bei uns in der Schule
zum Beispiel",
versucht es Charlotte noch mal,
„kommt die Polizei dann
und verhört jeden von uns
oder wie machen die das?"
„Wieso, ist dir dort was
geklaut worden?", fragt Anna.
„Dein Portmonee?"
„Oder dein Handy?", fragt Klara.
Und haut sich gleich darauf
mit der flachen Hand
vor den Kopf und ruft:
„Ach, Quatsch mit Soße!
Du hast ja gar keins!"
„Ist nicht so wichtig",
sagt Charlotte heiser,
„ich dachte nur gerade …"

„Du bist irgendwie komisch heute",
stellt Klara fest.
„Sehr komisch",
nickt Anna und lässt sich
mit einem Bauchklatscher
ins Wasser fallen,
dass es nur so spritzt.
Woraufhin natürlich
gleich der Bademeister kommt.

Weil das Springen
vom Beckenrand verboten ist.
„Ich bin nicht gesprungen",
sagt Anna, „ich bin reingefallen."
„Genau", meint Klara,
„das kann ich bezeugen!"
Aber der Bademeister
schimpft trotzdem mit Anna.
„Mir ist kalt", erklärt Charlotte,
„ich zieh mich schon mal um.
Wir können uns ja
in der Cafeteria treffen."

„Wir kommen auch gleich",
ruft Klara ihr nach.
„Macht sowieso keinen Spaß",
sagt Anna und guckt
den Bademeister böse an.
Charlotte geht zurück
zu den Schließfächern.
Eigentlich will sie nur gucken,
ob Moritz' Handy
immer noch in ihrer Tasche ist.
Und irgendwie hofft sie,
es könnte sich inzwischen
in Luft aufgelöst haben.
Aber natürlich ist
das blöde Handy noch da.
Charlotte überlegt,
ob sie es in der Kabine
liegen lassen soll.

Aber dann nimmt es wahrscheinlich
irgendjemand anders mit.
Und irgendwie wäre das auch fies.
Weil Moritz dann
sein Handy nie wieder sehen würde.
Klar, Moritz ist ein blöder Angeber,
aber trotzdem . . .
Irgendwas muss ihr einfallen.
Nur was?

Als sie dann später alle drei
in der Cafeteria sitzen,
will Charlotte keine Pommes.
Weder mit Majo noch mit Ketschup.
Und auch keine Eiswaffel.
Während Klara und Anna
drauflosfuttern,
hockt sie ganz vorne
auf der Kante ihres Stuhls,
als wollte sie gleich aufspringen
und wegrennen.

„Hör mal",
meint Klara mit vollem Mund,
„wenn du krank wirst,
dann sollte ich vielleicht
besser nicht bei dir übernachten."
„Ich werd nicht krank",
erklärt Charlotte.
Aber so ganz sicher ist sie nicht.
Anna guckt auf ihre Uhr.
„Ich muss los", sagt sie,
„ich muss auf meinen
kleinen Bruder aufpassen."
Sie gehen zusammen
bis zur Bushaltestelle.
Charlotte kommt es vor,
als würde ihre Schultasche
mindestens zwanzig Kilo wiegen.
Anna steigt in den Bus.

Charlotte in der Klemme

Bis zu Charlotte nach Hause
sind es nur noch ein paar Meter.
Aber eigentlich will Charlotte
gar nicht nach Hause.
Charlottes Mutter
macht die Tür auf.
„Gerade hat der Vater
von diesem Moritz
aus eurer Klasse angerufen ...",
sagt sie.
„Moritz' Handy ist verschwunden ..."
„Was?!", macht Klara. „Echt?"
„Wir müssen noch
Hausaufgaben machen",
murmelt Charlotte und will sich
in ihr Zimmer schieben.

„Warte mal …"
Ihre Mutter hält sie am Arm fest.
„Wisst ihr denn nun irgendwas?
Wegen dem Handy, meine ich …"
„Keine Spur", antwortet Klara.
„Wieso überhaupt wir?",
fragt Charlotte
und macht ihren Arm los.

„Moritz' Vater hat erzählt,
das Handy wäre geklaut worden."
Charlottes Mutter schüttelt
den Kopf.
„Aber das kann ich mir
wirklich nicht vorstellen.
Das würde ja bedeuten,
dass jemand
bei euch aus der Klasse …
nein, das glaube ich nicht. –
Sagt mir Bescheid,
wenn ihr irgendwas braucht",
setzt sie dann hinzu.
Charlotte hockt sich auf ihr Bett.
„Was erzählst du denn da?",
fragt Klara.
„Was für Hausaufgaben denn?
Wir haben doch gar nichts auf heute."

Aber sie wartet
gar keine Antwort ab,
sondern redet gleich weiter.
„Moritz' Handy, ist ja irre!
Was glaubst du, wer es war?"
Charlotte klappt den Deckel
ihrer Schultasche auf.
Und hält Klara
die offene Tasche hin.

„Hä?", macht Klara.
„Ganz unten", flüstert Charlotte.
„Unter meinem Handtuch ..."
Klara guckt Charlotte an,
als wäre sie jetzt
endgültig durchgedreht.
„Nun mach schon",
drängt Charlotte ihre Freundin.
Klara greift in die Tasche.
Dann zieht sie Moritz' Handy raus.
„Du ...?", fragt Klara ungläubig.
„War eher ein dummer Zufall",
meint Charlotte leise.
„Eigentlich wollte ich gar nicht,
aber ..."
„Ach, das hast du vorhin gemeint",
ruft Klara, „im Schwimmbad, als du
so komische Sachen gesagt hast.

Und ich dachte schon,
du wärst krank!"
Dann fängt sie an zu kichern.
„Geschieht dem Angeber
ganz recht", sagt sie.
„Ich hoffe nur,
er kriegt richtig Ärger
mit seinen Eltern deshalb!"
„Und was mache ich jetzt?",
fragt Charlotte.

„Oh Mist", sagt Klara.
„Ich fürchte, du steckst
ganz schön in der Klemme."
Sie gucken sich an.
Für kurze Zeit ist es ganz still.
Da geht die Tür auf.
Charlottes Mutter steckt
ihren Kopf ins Zimmer.
Klara schiebt Moritz' Handy
schnell unter ihre Jeans.
„Anna ist am Telefon",
sagt Charlottes Mutter
und hält Charlotte den Hörer hin.

Charlotte wartet,
bis ihre Mutter
die Tür wieder zugemacht hat.
„Ja?", fragt sie dann in den Hörer.
Anna redet zum Glück so laut,
dass auch Klara
jedes einzelne Wort versteht.
„Habt ihr's schon gehört?
Sebastian hat
Moritz' Handy geklaut!"
„Was?", fragt Charlotte.
„Moritz' Handy!", wiederholt Anna.
„Weißt du nicht mehr, heute Mittag?"

Da hat sich Moritz doch
mit Sebastian geprügelt.
Und dann war sein Handy weg."
„Aber wieso, ich meine …"
„Mann, ist doch klar.
Sebastian ist der Einzige,
der es gewesen sein kann.
Sonst war ja keiner mehr da …!"
„Aber …",
sagt Charlotte noch mal.
Und dann drückt sie einfach
auf die Aus-Taste.
Und steht da und starrt Klara an.
Klara grinst.
„Das ist doch klasse", meint sie.
„Du schmeißt das Ding
einfach weg und fertig.
Da kommt nie einer drauf."

„Und Sebastian?", fragt Charlotte.
„Ist doch egal", antwortet Klara.
„Selbst wenn die Polizei kommt,
er hat es ja wirklich nicht!
Ist doch alles ganz einfach."
Charlotte tippt sich an die Stirn.

„Du spinnst, aber echt.
Das kann ich nicht machen!"
„Aber wieso nicht?
Reg dich doch nicht auf!"

„Das mach ich nicht",
sagt Charlotte.
„Und was machst du dann?",
will Klara wissen.
Auf einmal merkt Charlotte,
wie ihr die Tränen
in die Augen schießen.
Sie dreht sich schnell zum Fenster.
Unten hält gerade der Mülllaster.
Zwei Müllmänner springen ab
und schieben die Container
quer über die Straße.
„He, was ist los?", fragt Klara.
„Fängst du jetzt etwa an
zu heulen oder was?"
Charlotte beißt sich
auf die Unterlippe.
Dann dreht sie sich zu Klara um.

„Ich glaube, ich habe die Lösung",
sagt Charlotte leise.
Mehr sagt sie nicht.
Sondern winkt Klara nur,
dass sie ihr folgen soll.
„Wir müssen noch mal los!",
ruft Charlotte ihrer Mutter zu,
„wir haben was vergessen.
Aber es dauert nicht lange!"

Überraschung für Moritz

Eine halbe Stunde später
stehen sie bei Moritz
vor der Haustür.
„Glaubst du wirklich,
dass er dir das glaubt?",
fragt Klara ihre Freundin.
Aber da macht Moritz
schon die Tür auf.
„Hier!", sagt Charlotte und
streckt ihm das Handy entgegen.
„Hä?", macht Moritz.
„Ich hab es bei mir
in der Tasche gefunden",
erklärt Charlotte schnell.
„Ganz unten,
unter meinen Badesachen.

Muss irgendwie reingefallen sein,
als du dich in der Schule
mit Sebastian geprügelt hast."

„Genau", erklärt Klara.
„Einfach reingefallen.
Aber jetzt ist ja
alles wieder in Ordnung",
setzt sie noch hinzu.
„Jetzt kannst du ja wieder
mit eurer Ferienwohnung
in Spanien telefonieren!"

„Hä?", macht Moritz noch mal
und starrt erst auf das Handy
in seiner Hand.
Und dann guckt er zu
Charlotte und Klara.
Und wieder auf sein Handy.
„Tschüss!", sagt Charlotte
und zieht Klara mit sich.
„Wartet mal!", meldet sich Moritz.
Aber da sind Charlotte und Klara
schon um die nächste Ecke.
„Eigentlich war es ganz einfach",
meint Charlotte.

„Hätte ich auch gleich
drauf kommen können.
Und es war ja noch nicht mal
richtig gelogen.
Irgendwie ist sein Handy
ja tatsächlich bei mir
in die Tasche gefallen."
„Eigentlich war es
ganz schön bescheuert",
unterbricht Klara sie,
„aber jetzt ist es zu spät."
„Was? Was ist zu spät?"

„Um Moritz noch
einen Streich zu spielen,
damit er wenigstens mal
was merkt", sagt Klara.
„Also wir hätten zum Beispiel
das Handy morgen
mit in die Schule nehmen können.
Du hättest es heimlich
unter seinen Tisch gelegt.
Dann wäre ich einfach
aufs Klo gegangen
und hätte ihn angerufen,
sodass es klingelt,
mitten im Unterricht,
kapierst du?
Und dann hätte er
Ärger gekriegt,
aber richtig!"

„Zu spät", meint Charlotte nur
und zuckt mit den Schultern.
„Komm, ich lade dich
zu einem Eis ein und dann..."
„Und dann?"
„Dann muss ich nur noch
eine Kleinigkeit erledigen."
„Nämlich?"
„Alles meiner Mutter erzählen."
„Aber wieso das denn?",
ruft Klara entgeistert.
„Es ist doch alles klar jetzt,
warum willst du dann unbedingt..."
„Will ich eben",
sagt Charlotte entschlossen.
Und fühlt sich mit einem Mal,
als wäre sie total leicht.
Als könnte sie fliegen.

Wie die Amsel,
die laut zwitschernd
vor ihnen auf dem Zaun sitzt.

Plötzlich redet Charlotte los:
„Meine Mutter hat mal erzählt,
wie sie als kleines Kind
beim Frisör war,
und da waren in einem Korb
so bunte Lockenwickler,
die sie total gut fand.
Und als sie dann
aus dem Laden raus ist,
waren zwei von den Lockenwicklern
plötzlich bei ihr in der Tasche.
Und sie hatte keine Ahnung,
wie die da hingekommen waren!"
„Hä?", macht Klara
und tippt sich an die Stirn.
„Also echt, manchmal kapiere ich
nicht ein Wort von dem,
was du so erzählst …"

„Das macht nichts",
lacht Charlotte sie an.
„Los, komm, mach mit!",
ruft sie dann lachend
und fasst nach Klaras Hand.
Und hüpft auf einem Bein
die Bordsteinkante runter.
Und wieder hoch.
Und runter.